REVUE

DE L'EXPOSITION UNIVERSELLE DE 1867.

L'ESPAGNE

LA GRÈCE & LA ROUMANIE

PAR

THÉOPHILE BILBAUT

Homme de lettres, Chef du Secrétariat de la Mairie (Douai).

PARIS

CHEZ DENTU, PALAIS-ROYAL

ET CHEZ LES PRINCIPAUX LIBRAIRES DE FRANCE ET DE L'ÉTRANGER.

1867

REVUE

DE L'EXPOSITION UNIVERSELLE DE 1867.

L'ESPAGNE
LA GRÈCE & LA ROUMANIE

PAR

THÉOPHILE BILBAUT

Homme de lettres, Chef du Secrétariat de la Mairie (Douai).

PARIS

CHEZ DENTU, PALAIS-ROYAL

ET CHEZ LES PRINCIPAUX LIBRAIRES DE FRANCE ET DE L'ÉTRANGER.

1867

AVANT-PROPOS.

La faveur avec laquelle a été accueilli le premier fascicule de notre *Revue de l'Exposition universelle* nous a confirmé dans la conviction que nous nous étions consacré à une œuvre utile, désirable.... Cette conviction se base sur la haute approbation qu'a donnée à notre travail le Gouvernement Portugais, dans des termes qui attestent les services rendus par notre Revue aux Etats exposants, sur le dossier considérable d'appréciations émanant d'hommes les plus compétents et sur les demandes de droit de traduction qui nous ont été faites par des éditeurs de l'Etranger.

C'est donc en nous fondant sur l'expérience du passé que nous livrons au public la suite de notre travail.

L'Espagne, la Grèce, la Roumanie, qui complètent notre cadre, ont à peine été effleurées dans les divers comptes-rendus de l'Exposition.

A défaut d'autre mérite, nos modestes monographies auront du moins pour résultat de conserver, dans la limite restreinte de leurs forces, la trace d'exhibitions intéressantes et qui témoignent des efforts et de la virilité d'Etats quelquefois méconnus, mais à tort.

Th. BILBAUT.

L'ESPAGNE.

REVUE DE L'EXPOSITION UNIVERSELLE DE 1867.

L'ESPAGNE.

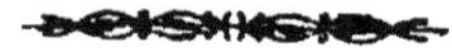

I.

L'Espagne pendant l'Exposition universelle.

Nous avons, en étudiant le Portugal, constaté que ce pays, si longtemps remué par les agitations politiques, avait compris que le temps des luttes stériles était enfin disparu et que les partis, également dévoués au Roi et à la dynastie, se préoccupaient avant tout, quelles que fussent leurs divergences, d'assurer la prospérité et l'ordre si nécessaires à un pays naguère agité par tant d'orages.

Quelle analogie frappante entre la situation de l'Espagne et celle du Portugal, et, comme ce besoin de calme après les orages, ce besoin de repos après les longues étapes de la révolution se manifeste dans l'un et l'autre pays!

L'Espagne comprend la nécessité d'une tranquillité durable, et de lois en harmonie avec ses besoins, elle sait que « pour y arriver, il est » de toute urgence de calmer les passions, de tranquilliser et concilier » les esprits et de grouper, le plus tôt possible, tous les éléments » conservateurs autour du trône de la Reine, afin de corroborer le » principe d'autorité et de donner aux lois la force nécessaire pour » triompher de toute espèce d'exagération, entraînant toujours après » elle des tentatives révolutionnaires. » (1)

Et si, — de même qu'après les violentes éruptions de l'Etna ou du Vésuve, quelques trépidations se font encore sentir à intervalles éloignés, — les convulsions posthumes des vieux partis tentent parfois de remuer la Péninsule, la nation en masse proteste par la résistance du bon sens public, par sa force d'inertie, et le Gouvernement, pondérateur des intérêts généraux, intervient efficacement et maintient l'ordre si désirable au développement du pays.

C'est dans de pareilles circonstances que s'est annoncée et développée, pour l'Espagne, l'année 1868 : Malgré les préoccupations inhérentes à la dissolution des Cortès, aux élections nouvelles, au malaise occasionné par la pénurie des céréales et la cherté des subsistances, au fléau épidémique sévissant aux colonies, le bilan de cette session peut fournir une série de travaux importants que nous allons passer rapidement en revue.

N'y a-t-il pas à en inférer quels splendides résultats donneraient le calme absolu du pays, la concentration des forces vers l'agriculture, l'industrie et le commerce ?

Le remaniement de l'armée et la fixation d'un contingent plus en rapport avec les besoins de la Péninsule et des colonies ; l'équilibre du budget ; l'amélioration du système douanier ; la diminution des jours fériés reconnus par l'Etat ; l'établissement d'un règlement postal admettant une taxe unique pour l'Espagne et le Portugal, d'une union

(1) Discours de M. de Miraflores, aux Cortès Epagnoles, du 29 mars 1867.

douanière, d'un Zollverein péninsulaire ; un traité de commerce avec le Maroc ; l'activité imprimée aux travaux du canal d'Isabelle II, à la ligne de Galice qui reliera le port de Vigo à Madrid ; l'engagement pris avec l'Angleterre, la France, l'Autriche et plusieurs autres nations de concourir à l'entretien du beau phare que l'Empereur Mohammed a fait ériger, à ses frais, sur le cap Espartel, à peu de distance de Tanger et qui, signalant aux étrangers l'entrée sud du détroit de Gibraltar, est d'une incontestable utilité ; l'appropriation du port de Carthagène destiné à ouvrir aux voyageurs, qui redoutent les traversées maritimes, le trajet le plus court de France en Algérie par Bayonne et Madrid, et à faire de l'Espagne un transit important vers l'Amérique, par Cadix ; l'ouverture de la ligne de Bayonne ; la nouvelle impulsion donnée à l'exécution du rail-way qui unit les provinces méridionales de l'Espagne à Perpignan, — suppression non illusoire, cette fois, des Pyrénées, — la construction de ponts de fer sur l'Ebre ; la communication immédiate des Royaumes de Valence et de la Catalogne avec la frontière française et la ligne ferrée du Roussillon, auxiliaire considérable pour le développement de leur intercourse dans le bassin Méditerranéen ; l'adhésion projetée à la convention monétaire conclue le 23 décembre 1865 entre la France, l'Italie, la Belgique et la Suisse ; voilà les principales manifestations du mouvement et de l'activité de l'Espagne pendant les quelques mois de notre Exposition universelle !

De telles et de si significatives tendances et entreprises qui affirment une initiative féconde, dont les résultats seront la bonne administration intérieure, l'essor donné à l'agriculture, au commerce et à l'industrie, la liaison plus intime de la Péninsule et du Continent, ne sont-elles pas le meilleur préambule, l'enseignement le plus utile pour qui veut parcourir avec fruit l'exposition Espagnole ?

Que de nations, et des plus importantes, n'eussent pu, si pareil concours avait été admis à l'Exposition, inscrire un programme, aussi rempli dans le recensement des forces vives et du mouvement progressif des peuples.

II.

De 1851 à 1867.

Après cette étude préliminaire de l'esprit public en Espagne, nous avons tenu à vérifier quelle avait été sa participation aux expositions précédentes : Il ne sera pas sans intérêt, pour constater le chemin fait, de nous suivre, un instant, dans les travaux de la Commission Française sur l'industrie des nations publiés par ordre de l'Empereur, lors de l'Exposition universelle de 1851.

Ou bien, l'Espagne a prodigieusement marché, ou bien il y aurait lieu de taxer de sévérité l'appréciation du jury de cette époque qui commence par ces cris de détresse : « Où est l'Espagne, cette » grande Espagne? Où sont ses armées, où est sa marine, où flotte » son pavillon ! Qu'a-t-elle fait de sa littérature et de ses arts?... » Où sont ses peintres, où sont ses sculpteurs? On l'ignore... Où sont » ses architectes? Les nouveaux édifices élevés à Madrid portent la » marque de la médiocrité... Décadence, décadence!...

» Que faudrait-il donc à l'Espagne? Du repos, un François Ier et » un Colbert, c'est-à-dire l'impulsion intelligente donnée, au milieu » de circonstances favorables, par un roi éclairé, par une cour intel- » ligente et soutenue par une organisation habile et puissante...

» De l'industrie Espagnole, que dire?... » (1).

(1) Travaux de la Commission Française, tome VIII, Beaux-Arts, XXXe jury.

« Que dire?— Venir au palais du Champs-de-Mars; relever; constater!

Oui, ainsi que nous le disions plus haut, ou bien l'Espagne a depuis 1851 fait un pas immense, ou bien, — et ce serait récuser le jugement d'un jury, composé des lumières de la France, désigné par l'Empereur lui-même, — l'appréciation de la Commission Française sur l'Espagne de 1851, aurait été d'une extrême rigueur ou d'une souveraine inexactitude.

Concluons plutôt, — et c'est la seule conclusion, — que les vœux, formulés par la Commission Française, ont été réalisés : Ils se sont révélés le François Ier et le Colbert souhaités par le XXXe jury!

Au milieu de la relâche dans le roulis politique qui la ballotte depuis si longtemps, l'Espagne s'est montrée ce qu'elle est : « Car il y a » dans cette généreuse contrée un germe qui ne demande qu'à être » fécondé, un germe déposé par les puissantes civilisations Romaine, » Arabe et Nationale qui déjà ont fait à l'Espagne une réputation » dans les deux mondes. Prendre pour base ce passé, y asseoir les » institutions et les encouragements, faire appel à la vieille Espagne » pour donner une industrie à la nouvelle, tel devrait être le pro- » gramme aussi facile à développer que la nature serait disposée à le » suivre » (1).

Ce vœu émis par la Commission de l'Empereur, l'ère de prospérité qui sépare 1851 de 1867 l'a-t-elle réalisé? Nous en appelons à l'examen froid, sérieux, impartial des produits de l'Espagne, de son industrie, de ses arts.

(1) Idem.

III.

L'annexe: les Colonies Espagnoles.

Resserrée dans le palais de l'Exposition, où il n'avait pu lui être attribué que dix-sept cents mètres de terrain, l'Espagne, avec ses trois milliers d'exposants, avait dû se reporter vers le parc et doubler ainsi sa surface d'exposition.

Qui s'en plaindra? Certes, ce ne saurait être les visiteurs qui se sont arrêtés devant l'édifice imposant, qui s'élève majestueusement non loin de la porte Dupleix, à quelques pas de l'annexe du Portugal; ce ne saurait être davantage ceux qui, guidés par la curiosité ou le travail, y ont parcouru ou étudié les produits des Colonies Espagnoles et les richesses du sol de la Péninsule.

Préoccupé surtout de la portée morale et du côté pratique de l'Exposition Espagnole, nous ne nous attacherons pas à décrire ce grandiose hôtel de Castillanos, souvenir de Salamanque, ou à suivre sur sa vaste façade, chef-d'œuvre d'imitation de pierre de taille et de grès, et sur les deux tours austères de ses extrémités, les colonnettes riantes, si alertes et si sveltes, ni les guivres de la frise, ni les encadrements des fenêtres grillagées, pas plus que nous ne nous attacherons à décrire l'aspect imposant et sévère du trophée industriel et agricole qui occupe le milieu de l'annexe, ni le spectacle varié qui s'offre à l'œil du touriste, égaré en voyage dans le promenoir de l'étage au milieu des flacons, des tabacs et des gerbes de céréales.

Du haut de ces hauteurs, jetons un coup-d'œil sur les colonies dont l'Espagne est encore riche, Ceuta, Annobon, Melila, les Canaries en Afrique, les Carolines, les Philippines, les Mariannes en Asie, et avant tout Cuba et Porto-Rico, qui, ne représentant pas la centième partie du territoire que possédait l'Espagne au commencement du XIXe siècle, n'en sont pas moins les deux plus magnifiques fleurons dont puisse s'enorgueillir une métropole.

Cuba, la moins torride et la plus tempérée des Antilles, aussi grande que la Sardaigne, la Corse, la Sicile et la Candie réunies, qui figure à l'orient du golfe du Mexique un grand arc de trois cent lieues de développement dont la convexité fait face à l'Europe; et Porto-Rico, plus grande que notre île de Corse, la plus fertile et la plus favorisée entre toutes les Antilles.

Confiantes dans la valeur de leur exposition et désireuses de se produire dans de favorables conditions, ces îles avaient, dès le mois de décembre précédent, nommé une commission chargée de réunir leurs principales productions, et le Gouvernement supérieur, d'accord avec cette Commission, avait décidé que les objets destinés à l'Exposition seraient accompagnés et surveillés par un commissaire préposé non seulement à la réunion et au classement des produits, mais encore investi du mandat de représenter, au concours des exposants, les intérêts des îles et de faire des études spéciales sur les divers produits exposés. Il n'est pas étonnant qu'avec une telle sollicitude et avec les soins des commissaires délégués, sous le haut patronage de M. le marquis de Bedmar à l'exquise complaisance duquel nous nous plaisons à rendre ici personnellement un juste hommage de reconnaissance, l'Exposition coloniale se soit distinguée par tant d'ordre, de valeur et de relief.

Outre une collection complète des journaux de Cuba, un certain nombre de tableaux à impressions microscopiques, de riches reliures, des cartes, un astrolabe à niveau, des herbiers et des fossiles témoignent que les lettres, l'imprimerie et les sciences ne font défaut ni à la Havane ni à Santiago.

Des collections de magnifiques fruits en cire montrent le goût et les arts de Matanzas et de San-Juan, de même que des eaux de senteur, de Cologne, des pastilles et des sachets parfumés nous enseignent qu'Hermosa, Cebù et Quiapo ne renoncent ni au luxe ni à ses raffinements.

Ces produits excitent, nous devons le dire, autant d'attention que les lances indigènes de Fernando-Poo, et que les cotons, les tissus et tapis de Macabébé, que les chapeaux de Nito et que les toiles de Jusi-Hay.

Les minerais d'or, de cuivre, de fer magnétique, les asphaltes, les échantillons de bois et avant tout cette plaque de madrier des Philippines haute de trois mètres et demi et large d'au-delà d'un mètre, les éponges, les plantes textiles pour lesquelles le ministère d'Outre-Mer a été signalé comme hors concours, les essences tinctoriales de Cuba, les résines, le quinquina, les salsepareilles, les noix muscades, le gutta-percha de Mindanao, les cigares,—est-il besoin de les indiquer,—ces cigares et ces tabacs de la Havane pour lesquels le jury a couronné MM. Jaime Partagas, Cabanas et Carvajal, Upmann et C°, Martinez Ybor, Andrès Saiz y Cueto et surtout l'administration centrale « di collections y laborel de tabacos » pour ses Manille, faisaient, du groupe Cinq des Colonies-Espagnoles, une série d'études non moins instructives et intéressantes que les opulents produits d'alimentation, les ananas et les platanos conservés, les sucres de MM. Juan Poey et Juan-Manoël Alfonso, tous deux primés d'une médaille d'or, que les cacaos, les cafés, les confitures de goyaves de Cuba, que le riz, les arrow-root, les cannelles, les poivres, le rhum et le vinaigre de coco des Philippines, ou le tapioca et les caroubes, l'amidon de Yuca, les confitures d'oranges de Porto-Rico, et les cannes à sucre de M. Poey de la Havane.

Les Colonies avaient donc fourni un contingent assez important pour que nous les mettions en lieu d'honneur, pour que nous les isolions un instant des richesses du sol exposées par la Péninsule, et auxquelles l'annexe avait donné aussi un asile hospitalier.

IV.

L'annexe (suite). — Les Galeries de l'Exposition.

Condition physique et morale des populations. — Avant de quitter l'annexe et pour nous reposer les yeux et l'esprit de cette variété de produits du sol que nous venons d'énumérer, portons notre attention sur un matériel important d'enseignement pour tous.

Rien ne saurait mieux venir à l'appui de ce que nous avons dit du mouvement intellectuel de l'Espagne et de la décision avec laquelle elle est entrée dans le courant progressif de notre époque, que sa riche exposition d'instruction publique, où les études calligraphiques, les dessins, les modèles, les mobiliers d'écoles des deux sexes attestent le côté pratique de l'enseignement, comme les traités, les livres, les méthodes pour les sourds-muets et les aveugles, les journaux techniques, ceux de Mariano Carderera, par exemple, récompensés par le jury, montrent la valeur de la théorie et de la direction.

Richesse du Sol. — Parmi ces ouvrages, les traités d'agriculture, témoins l'atlas d'agriculture de M. José Vila y Robles, les manuels de MM. Soler et Sellas, Firmin Caballero, Ramirez, témoin le livre pratique élémentaire de M. Gonzalez Reguera, n'étaient pas sans être largement représentés, et c'est tout naturel dans un pays où les productions du sol constituent une richesse non moins grande que les exploitations si variées, si considérables du sous-sol.

Les blés, les maïs, les orges, agglomérés à foison et exposés non seulement par l'initiative privée, mais par les députations générales des provinces ; les légumes de toute nature, les haricots, les fèves, les pois-chiches, les lentilles, les olives, les amandes et les noix, les oranges, les limons, les caroubes, le safran, l'anis, la cochenille, la garance, l'indigo, nous révèlent toute la magnificence d'un sol qui a le rare privilége de réunir tous les éléments de richesse et toutes les expositions.

Les bois bruts et polis de toutes sortes, la collection de l'Institut de l'Instruction secondaire de Cordoue, les liéges, la magnifique exhibition pour laquelle le corps des Ingénieurs a été classé hors concours affirment la valeur forestière de l'Espagne.

Quant aux vins, s'il était besoin de faire une renommée à des crûs devenus célèbres dans le monde entier, à des noms comme ceux d'Amontillado, de Lacryma, de Malaga, de Malvoisie, de Macabeu, de Médoc, de Mistela, de Moscatel, de Paraxette, de Rancio, de Tintilla de Rota, nous renverrions au livre d'honneur de l'Exposition, aux médailles d'or, aux douze médailles d'argent, aux dix-huit médailles de bronze, aux vingt-cinq mentions honorables conquises par ces flots de vins généreux : *vinos generosos.*

Produits du sous-sol. — Cette richesse du sous-sol Ibérique où, suivant un vieil adage, l'or a des racines, la splendide collection des ingénieurs des mines à laquelle le jury a décerné une médaille d'or, suffirait à l'attester au grand jour.

Viennent ou plutôt s'accroissent les facilités d'extraction, que de prodigieuses richesses surgiront de l'exploitation de ces galènes de Villa-Réal, de ces minerais de fer, d'argent antimonial, de plomb et de blendes argentifères, des chlorures d'argent si riches et si nombreux, des cinabres, des mercures natifs, des bismuths, des étains, des manganèses !

Les houilles, les lignites, cet or noir de l'industrie, abondent, et ce n'est pas sans regret pour leur difficulté d'extraction que nous consignons au passage l'intéressante exposition de M. Adolphe Boivin qui expose des asphaltes de nature à lutter avec les produits si renommés de Seyssel.

Est-il besoin de parler des marbres Espagnols : le Biscaye passant du blanc-nacré au café au lait et au chocolat purpurin, l'Aragon, le Valence aux belles ramifications d'un rouge vif, le Léon aux doux tons d'Isabelle, le Grenade aux flots verts de mer, aux nuances feuille morte et le Catalogue surtout, si riche en incrustations qu'on dirait d'un royal tissu et qu'il a mérité le nom de Brocatelle de Tortose !

Et quand à côté de ces jaspes purpurins, de cet albâtre transparent, nous voyons la terre fournir l'alun, le sel gemme, les magnésies et — ce que tant d'autres nations se procurent à grands frais ou demandent si chèrement à l'industrie — le soufre et le salpêtre, ces éléments d'un des arguments les plus puissants des temps modernes, ne trouvons-nous pas dans le sous-sol de l'Espagne l'histoire de son passé, la clef de son avenir : richesse, industrie, résistance facile à l'étranger, c'est-à-dire les leviers les plus puissants de la prospérité et de l'indépendance ?

V.

Les Galeries de l'Exposition Espagnole (suite).

Instruments et procédés des arts usuels. — N'est-il pas à souhaiter de voir de si riches gisements exploités, aussi bien que le sol, par l'intervention toute puissante des machines, ces êtres aux muscles de fer, dont l'action centuple les forces humaines et supplée à l'insuffisance des bras.

Sur 70,000 machines qu'utilise l'Espagne en ce moment, l'industrie métallurgique en occupe à peine un millier, les industries textiles cinq mille, les produits chimiques, les tanneries, les scieries un peu plus, et cinquante-cinq mille sont absorbées par les préparations alimentaires. C'est qu'en effet, pour la plupart des travaux, l'Espagne recourt à des moteurs tout primitifs. D'autant plus louables sont les efforts des constructeurs qui réagissent contre ces errements routiniers.

A leur tête citons MM. Edouard Fossey, Alexander frères de Barcelone, Cifuentes y Caveda (Oviedo) : la machine horizontale, le condenseur si vigoureux dans ses effets, le moteur pour hélice envoyés par ces constructeurs ne sont pas de médiocres expositions.

Quoi de plus intéressant que la machine à découper des ornements de bois de M. Sébastian Ferrando de Barcelone ; quoi de plus actif que la presse à frapper les médailles et dont le mécanisme est dans le souvenir de tous ceux qui ont reçu, au sortir du balancier, les médailles aux reflets argentins, à l'effigie de la Reine Isabelle. Non moins persistant ne saurait être le souvenir de cette personnification de l'industrie minière qu'expose M. Domenech, de Barcelone, à l'entrée de la galerie Espagnole, sous la figure d'un athlétique ouvrier fondeur qui, le marteau à la main, tient de son robuste biceps, une magnifique plaque d'acier fondue et trempée, étincelante comme une glace.

Tissus; Costumes; Armes. — La laine, cette richesse de la Bétique de Fénelon, la soie, le coton ne pouvaient faire défaut à l'Espagne et nous les y voyons faire bonne figure à l'état de première préparation, de même que nous avons noté avec honneur les métaux dans leur gangue, à peine sortis des minerais.

Mais qui les reconnaîtrait les uns et les autres, papillons frais éclos, sous les métamorphoses charmantes, sous les éclatantes couleurs, les riches dispositions que l'Espagne brode avec goût, tant sur les vêtements que sur les armes richement damasquinées, serties d'argent et d'or !

Je ne m'arrêterai pas aux mannequins costumés qui donnent les types de costumes tellement pittoresques que la peinture, la fantaisie et les travestissements les ont de longtemps popularisés dans le monde entier : Je ferme donc les yeux en passant devant la bourgeoise de Valence, la fermière de Navarre, la mariée des Asturies, et devant la manola de Madrid. Pour ces yeux noirs, cette main gantée à jour, qui chiffonne la dentelle, cet éventail, à demi déployé, derrière lequel scintille une prunelle assassine, il faudrait la palette de Diaz ou la lyre de Musset : revenons aux tissus !

Mais il n'est guère plus facile de suivre et d'analyser, sur les tissus de soie et de velours, les filigranes de métal, les guipures d'orfèvrerie brodée. C'est là que se reflète l'Espagne élégante, fastueuse.... Les mantilles, les dentelles, les mouchoirs eux-mêmes, tout est prétexte, et, la broderie, comme sous des doigts de fées, ici traduit un tableau de M. Antonio Gisbert, là retrace les traits des Souverains, ou court en ornements fantaisistes et héraldiques.

N'était la renommée des lames de Tolède et de leurs fines gaînes, n'y aurait-il pas lieu de prendre aussi pour des parures féminines ces dagues sveltes, toutes ruisselantes des nervures de métaux précieux de la fabrique nationale, ces épées moresques et ces poignards étincelants, aussi guillerets et agaçants que les jarretières de métal, leurs voisines, que les bottines cambrées, aux rouges talons, des Ardura et des Vega y Cabanas, que les éventails à paillettes de Lluch, que les bijoux des Besses y Prats et des Soles Perich, que les plaques étincelantes de Vidal et que les filigranes et les aciers des Lopez y Soto, des Hernandez et des Ibarzabal.

L'Artillerie Espagnole. — Il y aurait à croire que, sous ce beau ciel des Espagnes, tout devient bijou, même l'armeria de guerre, quand on s'arrête devant la charmante petite artillerie Espagnole. Il y a loin, et l'on s'en applaudit, de ces batteries lilliputiennes, au canon Prussien, mammouth des batailles ! Hâtons-nous de dire, toutefois, que ce sont des modèles réduits au cinquième, qu'expose le musée d'artillerie de Madrid, et, tout en tenant compte des services que rend dans les montagnes une artillerie portative et de la nécessité, qu'il y a, à avoir un matériel transportable à dos de mulets, gardons-nous de l'enthousiasme d'un chroniqueur et abstenons-nous de nous extasier devant les résultats chimériques de tels joujoux guerriers : Ramenons les modèles au cinquième, ou baissons notre enthousiasme d'autant.

Le Mobilier. — Et avant de quitter la riche galerie de l'industrie Espagnole, pour nous complaire en un long baiser d'adieu réservé aux Beaux-Arts, prenons comme transition la galerie du Mobilier, où l'art empiète si souvent sur le domaine du métier.

Rangerons-nous dans cette galerie ou dans les objets de parure les somptueux harnais de Zurdo aux ornements argentés et dorés sur cuir bleu, rouge, piqué, repoussé, ciselé comme les coffrets et les écrins des Maures ?

Glissons devant les délicates poteries de Séville, à la pâte fine, aux exquises guirlandes courant sur les formes sveltes d'amphores dignes de l'antique ; glissons devant les alcarazas bruns et dorés comme une Mauresque de Cordier, et devant ces belles nymphes vert de mer de la Cartuja : il y aurait tant de regrets dans nos adieux !

D'ailleurs, nous avons encore les féeriques mosaïqnes Espagnoles, où le dessus d'un meuble ne compte pas souvent moins de trois millions de carrés de bois assortis, formant les dessins les plus variés, les coffrets et les menus objets de MM. Lopez, Bueno, Perez et Diaz-Medina, et à leur tête le *nec plus ultrà* du genre, les meubles marquetés de Joaquin Canela, exposition posthume, pieux tribut d'une veuve dévouée : N'avons-nous pas les meubles somptueux de MM. Pons et Rivar, Miguel Monedero, Ramon Padilla, Serra y Argenter, n'avons-nous pas aussi la table de marbre et jaspe de M. José Maria Nunez, le splendide berceau en nacre de M. Botana Barbeito, les élégantes guitares de MM. Gonzalès Francisco, José Campo et Pedro Fuentes ; n'avons-nous pas enfin, acheminement tout naturel aux beaux-arts, le splendide ostensoir de M. Moratilla, orfèvre de la Reine, admirable reliquaire d'argent ciselé où les clochetons, les aiguilles, les flèches de métal traduisent les rêves les plus fantastiques d'une féerie architecturale : l'art ancien ne pouvait être mieux égalé, sinon surpassé.

Après un aussi riche spécimen, le pas sera facilement franchi qui nous sépare encore de la galerie des beaux-arts !

VI.

Les Beaux-Arts.

Quelques mois avant l'ouverture de notre Exposition universelle, c'était fête pour le monde artistique de Madrid : le 28 janvier 1867 avait lieu l'inauguration officielle de l'exposition des Beaux-Arts à laquelle assistait la Reine, accompagnée de son auguste époux, de S. A. R. le Prince des Asturies, de l'infante Dona Isabel et du Prince Adalbert avec son épouse.

A trois heures se faisaient entendre les échos de la marche royale annonçant l'arrivée de Leurs Majestés et Altesses; les ministres des travaux publics et des affaires étrangères, le directeur général de l'instruction publique et les membres du jury allèrent au devant du cortége royal. Après avoir parcouru toute l'Exposition et examiné avec un véritable intérêt les plus importants ouvrages, Leurs Majestés ne se retirèrent qu'à cinq heures, accompagnées de la Famille Royale, des grands fonctionnaires du palais, du président du conseil et du ministre des affaires étrangères et des travaux publics.

N'est-il pas significatif de voir ces hommages publics rendus aux Arts en Espagne, la Souveraine et, avec elle, la Famille Royale, les fonctionnaires supérieurs tenant à inaugurer, à encourager de leur présence une solennité artistique?

Et n'est-ce pas le lieu d'exprimer tous les regrets, causés aux amis des arts de n'avoir pu saluer parmi eux, à Paris, à notre Exposition universelle, une Souveraine éclairée, protectrice des choses de l'esprit et de l'y voir constater par elle-même l'importance et la valeur de l'Exposition Espagnole et surtout de la partie capitale dont nous nous occupons.

Quel espace eût pu suffire, si l'Espagne eût voulu envoyer au Musée rétrospectif tous les chefs-d'œuvre, toutes les richesses, toutes les splendeurs qui font de son passé une traînée lumineuse dont l'éclat éblouit et fascine. Quoiqu'il en soit le Musée rétrospectif Espagnol n'est pas, dans ses limites resserrées, sans importance et suffit à donner un tableau rapide des magnificences de ce beau pays.

Voici d'abord son histoire inscrite à la curieuse et compléte série de monnaies envoyée par le cabinet des médailles de la bibliothèque nationale de Madrid : la primitive Bétique, la colonisation Phénicienne, le passage d'Annibal, la domination Romaine, l'invasion Barbare, la civilisation Mauresque sont là attestées par de métalliques empreintes. Et puis, comme commentaire pittoresque, comme paraphrase de cet historique et sèche nomenclature des monnaies, les réductions de l'Alhambra de D. Rafaël Contreras, le harnais de Mohammed, l'armure du Cid, les épées de Rodrigue et de Gonzalve, les autographes de Charles-Quint, de Philippe II, de Don Juan d'Autriche... et, — autographe moins royal mais non moins précieux — le fragment d'un rétable, l'oratorio d'Alonzo Cano, le Michel-Ange de l'Espagne, peintre, architecte et sculpteur, le digne émule des Vélasquez, des Zurbaran, des Murillo.

Lourd héritage que celui de pareils noms, dont la renommée est pourtant vaillamment soutenue par la phalange d'artistes qui a pris à tâche de continuer l'Ecole Espagnole : F. de Madrazo, Avendano, Diaz, Fierros, Gessa, Gisbert, Herrer, Hiraldez-Acosta, Palmaroli, Rui-Pérez, Rosales et tant d'autres, chefs et soldats, forment une valeureuse légion qui montre ce que peut l'Ecole Royale des Beaux-Arts de Madrid.

Le portrait y est représenté par M. Ferrant, par M. Madrazo surtout qui expose un splendide portrait de la reine Isabelle en costume royal, le sceptre en main, couronne en tête.

Le genre, pour lequel l'Espagne est passionnée et où brillent de dignes adeptes et rivaux de notre Meissonier, par les Zamacoïs, les Ruy-Perez : *Le Triage des Livres de Don Quichotte* et le *Joueur de Guitare* accusent autant d'esprit que de finesse de touche ; le *Chocolat* de M. Herrer est un tableau d'une bonne et franche couleur et la scène fait rire d'une gaieté de bon aloi; *le Joueur de Flûte* et *le Joueur de Mandoline* de Gisbert sont finement peints et d'une excellente exécution.

A MM. Bénavent et Gessa, continuateurs des Desportes et des Oudry, les natures mortes avec leur simple mais poétique réalité ; à M. José Mirabent, le domaine des fleurs.....

Les intérieurs de cathédrales qu'on croyait anéantis avec Péter Néefs ont trouvé un traducteur large et saisissant dans le pinceau de M. Gonzalvo y Perez ; le paysage et les marines dans ceux de M. Garcia Martinez, Rico Urgell et Torescasana.

L'*Idylle* de M. Hiralder-Acosta et le genre historique, si bien interprété par M. Palmaroli dans son *Sermon à la chapelle Sixtine,* nous conduisent, par une naturelle et agréable transition, à la grande peinture dont M. Rosales Eduardo, décoré pour son exposition, est l'un des plus vaillants représentants : *Isabelle-la-Catholique dictant son testament* est une remarquable toile, bien comprise, aussi magistralement dessinée que sagement peinte.

Aucune manifestation de l'art ne manque donc : la statuaire est représentée par plusieurs plâtres remarquables, *le Faune* de M. Moratilla, *l'Indienne* de M. Figueras et par de beaux bronzes ; de sérieux et grandioses projets constituent l'apport de l'art architectural.

Mais ce qui assure, par dessus tout, l'avenir artistique de l'Espagne c'est moins encore les bras, l'exécution, que la direction : l'enseignement de l'Académie des Beaux-Arts de M. Madrazo est connu et a fait ses preuves, celui de l'Architecture se révèle tout entier dans la collection de cahiers qu'expose la *Commission officielle pour la publication des monuments architectoniques de l'Espagne* représentée par son président, M. Narciso Pascual y Colomer, directeur de l'Ecole d'Architecture de Madrid.

Dans les Arts, l'initiative individuelle, l'inspiration, la fécondation font beaucoup; l'enseignement vrai, la sage direction, les encouragements officiels sont tout : ils ne font pas défaut en Espagne.

VII.

Conclusion.

Nous avons répondu ou plutôt l'Espagne a répondu pour nous aux interpellations du jury de 1851.

Nous avons montré où est l'Espagne, où flotte son pavillon, où est son industrie, où sont sa littérature, ses arts, ses peintres, ses sculpteurs, ses architectes....

Nous avons montré quel pas immense a fait ce pays: Est-il difficile d'en conclure quel chemin il parcourra sous la sage et féconde direction de la Souveraine intelligente qui préside à ses destinées, avec le concours des hommes de cœur qui la secondent dans son œuvre de pacification et de régénération?

Inauguré au milieu de crises considérables, le règne de la Reine Isabelle II marquera dans les fastes de l'Espagne par le rétablissement progressif de l'ordre à l'intérieur, du prestige et du respect à l'extérieur.

Cette influence à l'extérieur peut-elle mieux se déduire que du témoignage inscrit à la circulaire de M. Thouvenel du 30 mai 1860 et de l'espoir fondé pour l'Espagne de reconquérir, avec le dévoué et décisif concours de la France, son rang de puissance prépondérante dans les conférences Européennes?

A l'intérieur, la pacification, l'œuvre d'apaisement sont rendus manifestes par la facile compression des mouvements de la présente année : la fidélité de l'armée, son courage, les dispositions énergiques prises par le Président du Conseil ont pour longtemps enlevé aux révoltés le désir de renouveler des agitations auxquelles l'immense majorité de la nation est demeurée étrangère.

Les vues de l'Espagne peuvent donc et doivent se porter vers le développement de ses ressources naturelles, de son crédit, de son bien-être.

Désireux d'encourager ces tendances, le Gouvernement donne une grande attention aux affaires qui concernent les finances et la situation économique du pays.

La richesse de l'Espagne devant se développer d'autant plus qu'elle trouvera plus de facilité pour l'exportation, la protection du Gouvernement est acquise aux travaux publics et avant tout, à ceux qui se rattachent à l'extension du commerce extérieur.

Mais quelles que soient ses préoccupations en faveur des grands intérêts du commerce et de l'industrie, la reine Isabelle II, si essentiellement dévouée aux choses de l'esprit, n'entend pas négliger le soin de l'instruction générale et les études scientifiques et littéraires : Un récent décret vient de fixer l'organisation des bibliothèques et des archives; un musée archéologique national s'est ouvert à Madrid avec les collections de monnaies, médailles et autres objets antiques, qui existaient à la bibliothèque nationale, au musée des sciences naturelles et à l'école de diplomatique; des musées analogues vont être fondés dans les provinces; des mesures ont été prises en outre pour la bonne administration de ces établissements et l'accroissement de leurs richesses par le dépôt de tous les ouvrages ou de tous les objets qui rentreraient dans le cercle des études que chacun d'eux est appelé à favoriser et à maintenir.

A cette source des splendeurs du passé, viendront puiser et s'alimenter les phalanges artistiques dont nous avons enregistré les tendances, les succès.

Que le terrain des arts devienne le champ-clos de la paix, un tournoi de luttes fécondes au lieu du champ de bataille des luttes fratricides de l'insurrection et des partis !

Que, dans l'Espagne prospère, honorée au dehors, calme au dedans, il soit donné à la Reine Isabelle, comme à l'Empereur Auguste, de tirer sa plus grande gloire d'avoir fermé le temple de Janus et puisse le pays régénéré inscrire en son honneur à l'autel de la paix et de la reconnaissance : *Nobis hæc otia fecit.*

LA GRÈCE.

REVUE DE L'EXPOSITION UNIVERSELLE DE 1867.

LA GRÈCE.

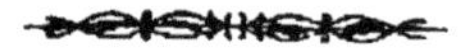

I.

Le passé et le présent.

La Grèce ! nom magique qui évoque en nous tout un monde de souvenirs, tout un cortège de grandeurs, toutes les splendeurs et toutes les gloires d'un pays qui synthétisait les forces intellectuelles du vieux monde, d'un pays où, pour la première fois, l'homme apparût dans la véritable manifestation de sa nature intelligente, où s'alluma, ou du moins brilla d'un éclat inouï le flambeau qui éclaire encore l'Europe et dont l'Europe, à son tour, projette les rayons sur le nouveau monde, et sur cet antique Orient auquel elle vient de se rattacher plus étroitement en imposant à la Création d'autres routes que celles que lui avait assignées le Créateur. Pourquoi faut-il que toute cette splendeur antique devienne le point de départ des lieux communs de rhéteurs qui aiment à faire au passé le facile et gratuit sacrifice d'un présent qui en diffère pourtant par des conditions de milieu et des circonstances tout opposées ; parallèle faux et spécieux où l'on ne tient pour rien les influences extérieures.

On se plaît à mettre en contraste avec l'urbanité et l'esprit artistique des anciens, la rudesse soldatesque des Pallikars et la vie rustique des Albanais : Triomphe facile mais basé sur le sophisme.

Si la gloire des aïeux est plus grande ou n'est pas la même que le mérite de la postérité, devons-nous fermer les yeux pour ne point voir ce qu'il y a de bon dans les œuvres de nos contemporains ? Pourquoi cet abaissement systématique du présent devant le passé ; louons ou blâmons ce qui est digne de louange ou de blâme, et estimons le présent s'il est digne d'estime, quel qu'ait pu être l'éclat de ce qui a disparu !

L'Exposition universelle où, chaque nation, jetant les yeux sur les nations voisines, scrute à son point de vue égoïste ou superficiel la nature des richesses et apprécie les prétendues causes de la stérilité d'autrui, sont d'ailleurs de nature à faire naître ces jugements quelquefois prématurés, souvent injustes.

Qu'importent vos dénombrements, vos statistiques qui assignent arbitrairement et sans appel à tel pays ce qu'il devait produire en regard de ce qu'il produit.

Qui fût venu demander à la Grèce de Périclès ce qu'elle produisait en blé, en huile, en tissus, et lui dicter ce qu'elle eût dû produire !

Ramenons donc à leur juste valeur les appréciations de ceux qui, comparant légèrement la Grèce moderne avec la Grèce ancienne, sacrifient non moins légèrement le présent au passé ; ramenons à leurs vraies limites les appréciations de ceux qui, ne tenant aucun compte ni des difficultés de transport et d'éloignement, ni des circonstances concomitantes de l'Exposition, jugent de la valeur d'un pays par ses produits exposés, sans aller au-delà ; et envisageons froidement, saincment, l'Exposition grecque ; ne nous arrêtons pas à l'apparence, pénétrons jusqu'à cette substantifique moëlle dont parle un maître de la critique.

Il n'est d'ailleurs pas changé ce pays dont un illustre écrivain disait : « A l'abri de petites chaînes calcaires, inégales, ramifiées, » abondantes en sources, riches de tous les produits de la nature » vivante, germent la philosophie et les arts : c'est là que l'espèce » humaine a vu naître les génies dont elle s'honore le plus, tandis » que les vastes plaines sablonneuses de la Tartarie et de l'Afrique » retinrent toujours leurs habitants à l'état de pasteurs errants et » farouches. » (1)

Elles sont encore là, se manifestant dans notre Exposition, ces chaînes calcaires avec leurs précieuses matières premières, leurs riches filons de minerais et leurs gisements de marbres ; ils sont encore là, ces charmants vallons où germent et se récoltent les riches moissons, où croissent les bois, les oliviers, les mûriers, les buissons de cotonniers, avec leur ample tribut de matériaux, d'huile, de soie et de flocons textiles ; ils sont encore là à l'abri de l'Université d'Athènes ces philosophes et ces lettrés ; à l'ombre du Panthéon, ces artistes et sculpteurs, descendants des Praxitèle et des Phidias !...

Engagée dans des luttes sérieuses, à peine affranchie, la Grèce n'a pu nous montrer au complet les fruits que donnent la paix et l'indépendance, mais son exhibition suffit pour attester, en présence de l'importance de ses produits naturels, que son industrie est appelée à se développer et à faire de la péninsule hellénique l'un des pays les plus prospères de la Méditerranée : l'avenir n'aura rien à envier au passé.

(1) Cuvier, éloges de Werner.

II

L'avenir commercial : le canal de Suez.

Il fut un temps où tout le monde connu se résumait en deux points, Athènes et Rome; et, il est à remarquer que le moment de la prospérité véritable et de la plus grande splendeur de ces deux yeux du monde coïncide avec l'époque de la plus grande fréquentation de cette mer Méditerranée, dont on reconnaissait tellement la valeur que les Romains la reprenaient dans leur inventaire, la marquaient de leur sceau de propriété sous le nom de notre mer, *mare nostrum*, et que bien longtemps, avant eux, les Grecs l'avaient revendiquée comme leur et avaient étendu leur sceptre sur ce riche domaine.

Des trois péninsules qui terminent l'Europe au Sud, la Grèce est précisément la plus petite : sa surface, les îles comprises, est loin d'égaler celle du Portugal. Mais ses rivages sont si découpés que leur développement surpasse celui de tout le littoral Espagnol : aussi cette vaste étendue de côtes, qui la mettent en contact avec la mer, l'ont-elles fait, de tout temps, participer aux vicissitudes de la Méditerranée.

Longtemps cette mer jouit du monopole des transactions et de la vie commerciale : un jour vint cependant où l'attention de l'Europe se porta vers d'autres horizons, où, la Méditerranée ne suffisant plus à l'audace et à l'esprit d'aventures, l'Océan s'ouvrit devant les Colomb, les Vasco et les Diaz. Ce jour-là fut un signal de décadence pour le bassin méditerranéen et ses riverains. Lamer intérieure, jusqu'alors reine des mers, et les puissances maritimes qui l'entourent, la Grèce, Venise, furent frappées de léthargie sinon de mort.

Mais il n'est pas de Josué qui puisse arrêter la marche de l'homme; un jour vînt aussi où le fils de Japhet envisagea le globe, son esclave, et n'hésita pas à modifier l'œuvre du créateur. Comme ces navigateurs audacieux, qui avaient compté pour peu le *nec plus ultrà* des colonnes d'Hercule, Ferdinand de Lesseps vînt, qui assigna à la mer de nouvelles limites, de nouveaux parcours.

Après Nécos, fils de Psammétichus; après Darius, fils d'Hystaspes; après les Ptolémées; après les empereurs Romains et Adrien; après Napoléon-le-Grand ; un homme de génie, auquel l'Europe devra une vie nouvelle, résolut de reprendre le projet grandiose d'unir la Mer-Rouge à la Méditerranée et d'abréger de moitié la route commerciale entre l'occident et l'orient.

Quatorze ans se sont écoulés depuis que le firman a été accordé à M. F. de Lesseps par le vice-roi d'Egypte, Mohammed-Saïd, son ami et protecteur : Nous sommes à la veille de récolter les fruits de cette gigantesque entreprise.

Ceux qui ont pénétré, au Champ-de-Mars, dans l'exposition de la Compagnie du canal de Suez, si habilement dirigée par M. J. de Lesseps, l'organisateur compétent des expositions orientales et de la Régence de Tunis, ont pu se rendre compte des difficultés vaincues et du résultat obtenu : le canal n'est plus à l'état de projet, de théorie; des bâtiments de commerce l'ont traversé: le domaine de l'application commence !

Résultat féerique, inespéré , qui produit une révolution immense dans l'économie des peuples tributaires de la Méditerranée !

L'Italie, voyant renverser l'obstacle qui détermina, il y a quatre siècles, la ruine de son commerce maritime, salue déjà l'aurore nouvelle de ses beaux jours du moyen-âge; Venise escompte le moment où elle redeviendra l'entrepôt des Indes; Gênes fait élargir ce port qui abrita et Colomb et André Doria; Rome cherche vers l'Adriatique une baie à laquelle elle puisse relier son rail-way pour transporter, sans solution de continuité, les voyageurs et les marchandises venant de l'Inde et de l'Australie, par Florence, et Paris jusqu'à Calais, jusqu'à Londres peut-être, par le pont du détroit !

L'Espagne fait rayonner de Madrid à la Méditerranée ses chemins de fer, destinés à établir un flux et un reflux continuel des colonies à la métropole, et de l'Espagne aux Philippines, ses riches possessions de la mer des Indes !

Faut-il parler de la France, toute dévouée à l'œuvre; faut-il parler de l'Angleterre, où l'intérêt triomphera de mesquines rancunes, d'étroites jalousies de nationalité ?

Ce mouvement fécond, universel, la Grèce, placée précisément sur le parcours direct de la nouvelle traversée, avec ses côtes dentelées, ses rades, ses ports, son essence toute maritime, peut-elle lui rester étrangère ? Pour elle surtout, c'est là qu'est l'avenir, le salut !

Non, elle ne peut rester étrangère à cette rénovation de la Méditerranée, à cette grandiose entreprisequi fera du canal de Suez la seule route, sans détours, sans solution de continuité, entre l'Europe, l'Afrique septentrionale et les vastes contrées des Indes orientales, la voie la plus économique entre notre Europe et les mines d'or de l'Australie et les entrepôts des aromates de l'Arabie, des épices de l'Océanie, du thé, des porcelaines et des trésors de la Chine, des soies et des cotons de l'Inde.

Reliée ainsi à l'Orient, la Grèce dans cet immense va-et-vient établi par le canal de Suez, s'unira plus intimement encore à l'Occident et y trouvera des débouchés considérables pour ses minerais, son émeri de Naxos, ses pierres lithographiques de Nauplie, ses marbres, ses huiles, ses grains, ses raisins si célèbres de Corinthe, ses soies, ses cotons auxquels le dessèchement du Copaïs va donner une nouvelle culture, pour ses céréales, pour ses bois de construction.

La Grèce a d'ailleurs tout ce qu'il faut pour devenir puissance ou du moins intermédiaire maritime.

Nous avons dit qu'on ne devait pas juger strictement de ce pays, par son exposition ; notre affirmation serait appuyée, s'il en était besoin, par l'absence complète de constructions navales de ce pays dans les chantiers du Champ-de-Mars. Et pourtant parmi tant d'autres, il nous suffira de citer l'important chantier de la Spetzia, si avantageusement représenté en 1855 par M. Th. Kiriakou, et les chantiers de Syra, de Gallaxadi et de Nauplie qui construisent des bâtiments très-marins et à bon marché.

De ces vaisseaux, le personnel se forme et s'accroît chaque jour : l'institution d'écoles navales a été récemment décidée et le ministre de l'Instruction publique vient d'en établir cinq dans les principales villes maritimes de la Grèce, à Syra, Hydra, Spetzia, Gallaxadi et Argostoli dans l'île de Céphalonie; quatorze ports sont en réparation et plus de cinq mille vaisseaux marchands sillonnent la mer et y arborent le pavillon d'azur à la croix d'argent. Donc, quand viendra le réveil de la Méditerranée par le canal de Suez, la Grèce sera prête : et ce jour-là sera celui de sa régénération et de son vrai retour à la vie commerciale : l'exposition que nous allons parcourir témoigne de ces aptitudes et de ces dispositions.

III

L'exposition de la Grèce.

C'est au milieu des préoccupations importantes de l'insurrection Crétoise que s'est produite notre Exposition universelle : Toute secondaire pour d'autres Etats, cette circonstance n'est pas sans avoir influé considérablement sur le résultat de l'exposition des Hellènes.

Aussi avions-nous depuis longtemps déjà parcouru et analysé l'installation du Portugal, qui partageait avec la Grèce une seule et même galerie, sous la haute direction de M. le comte d'Avila, que l'exhibition Grecque était encore à son premier état de formation.

Cette hésitation ne dura point cependant, et bientôt au milieu du fleuve immense de visiteurs, dont les flots incessamment renouvelés se succédaient sans interruption dans le promenoir des machines, la Grèce vînt arborer son pavillon, et plaçant ses marbres, deux magnifiques tombeaux de M. Jean Kossos et des frères Phytalis, la *Religion* et *l'amitié en deuil*, sous le patronage immortel du poète aveugle, représenté par le buste classique d'Homère, elle vînt dire aux lettrés et aux artistes : c'est ici qu'est la Grèce.

Pour le public, qui passe et regarde, la Grèce s'annonçait sous un autre aspect, et bien souvent les promeneurs et les curieux s'arrêtèrent à l'entrée de la galerie : Revêtus du costume pittoresque de leur nation, quelques Hellènes offraient en effet aux visiteurs dans une corbeille enrubannée, des menus morceaux d'une pâte rosée, moëlleuse, parfumée, toute de miel et de sucre dont les Turcs et les Grecs sont fort friands : M. Paulidès de l'Attique et Stamatelakis de Syra brillent par leur riche exposition de ces bonbons sucrés, de *loukoumes*, de fondants, de cédrats confits, et singulier rapprochement, la plus fraîche exposition de ces compotes gourmandes est celle de Solon de l'Attique, de même que l'eau de fleurs et l'eau de roses est le monopole d'un Spartiate !

Outre une charmante petite machine de Syra, l'Hellade expose des poulies remarquables, de M. P. Frangos, des quenouilles de Magne envoyées par l'évêque d'Oëtylon, et l'intéressant modèle d'une filature de coton de M. Pierre Barboutis, en Phtiotide.

Mais la véritable exposition est celle des marbres et des minerais fossiles de M. Sigell de Syra, et de la commission centrale de l'Attique.

Non loin des terres d'Arcania et de Santorin, envoyées par cette commune et par M. Dékigalas, du charbon de terre de M. Papparrigopoulos, du plomb de Laurium, du grés de la commune de Sainte-Maure et des échantillons de tuiles de Jean Christofidès et de Diamantidès, de l'Attique, portons notre attention sur une roche très-remarquable et qui jusqu'à présent n'a été trouvée que dans la Grèce. Exploitée par les anciens Grecs et les Romains, cette magnifique roche est le porphyre vert antique, métaphyre ou ophite, composée d'une pâte d'augite noir et de cristaux de feldspath Labrador verdâtre.

Tout aussi curieuse est la serpentine polie de Ténos, ophicalce verte, très-vive, et traversée par des veines blanches glauques de chaux carbonatée.

La palme demeure cependant aux marbres : voici le marbre de Paros, connu dans le monde entier par les chefs-d'œuvre de l'antiquité et dont la translucidité produit un effet très-agréable qui le fait rechercher pour la statuaire; le Pentélique translucide comme le Paros et qui a été employé à la décoration de plusieurs édifices de la moderne Athènes; le Ténos, moins fin mais se recommandant par son bas prix; et parmi les marbres de couleurs, le plus remarquable et le plus rare, le rouge antique (*rosso antico*) auquel les anciens donnaient le nom d'*Ægyptum* en le confondant avec le porphyre rouge de l'Egypte;

puis les marbres de Sparte et des Crocées à la couleur jaune nankin, aux veinules pourpres et violettes ; enfin l'albâtre de Psythalia, richesses minérales incalculables dont l'exploitation amènerait des trésors en Grèce ?

Les bois des vastes et plantureuses forêts de l'Acarnanie figurent avec honneur dans l'exposition de la Grèce, aux riches collections de l'arsenal de Nauplie et de M. Aristolopoulos de Mantinée : Dans le même groupe signalons un produit tout particulier, la vallonée envoyée par les Dêmes de Mélétini, de Sparte, d'Œniade, de Zéa, de Crokéon et de tant d'autres : fruit du chêne vélani, la vallonée ou avalanède, connue sous le nom de gallon du Levant, sert pour le tannage des cuirs et fait l'objet d'un immense commerce. Son abondance en Grèce explique la beauté des cuirs appendus aux murailles polychromes de l'exposition Hellénique où ils forment une décoration non moins originale que les interminables chapelets d'éponges disposées en aventureuses arabesques.

L'Elide, Nauplie, fournissent en abondance l'éponge dure ou éponge Grecque, employée aux usages domestiques et dont les plus fines, réservées pour les usages de la toilette, atteignent un prix considérable.

C'est là un produit local qu'il y a lieu de relever, par une mention spéciale. A vouloir tout énumérer, les comptes-rendus — arides catalogues, — ne donneraient qu'une idée banale de chaque Exposition. Ne parlons donc ni des céréales, remarquables pourtant, envoyées par les Dêmes les plus importants de la Grèce, ni des graines de toutes espèces, mais signalons comme digne de remarque et formant spécialité cette huile d'oliviers dont la Grèce antique faisait remonter l'origine aux dieux; la cire, le miel de l'Epire et de l'Attique, non inférieurs à la poétique réputation de l'Hymette, signalons aussi un produit particulier à cette contrée les raisins de Corinthe qui s'exportent, par chiffres considérables, en Angleterre.

Le tabac moins renommé et non moins bon que le tabac Turc et le coton sont des cultures du plus grand intérêt, aussi bien que les vignes. Ce sont de grands crûs que ceux de Santorin, de Syra, de Xirochori et ce n'est pas sans orgueil que Céphissia et Patras exposent leur champagne indigène et que Santorin a envoyé des vins, j'allais dire du Consulat de Manlius, portant leurs dates de 1812 et de 1781 !

Après ces produits du sol, examinons les tissus aux riches couleurs.

Calamata marche en tête et semble s'être réservé le monopole des barèges éclatants, des tissus mélangés d'or, des moustiquaires de soie cramoisie rayée de blanc et des burnous aussi légers que beaux.

Comme dans la Roumanie, nous sommes ici en plein domaine des couleurs vives et de goût oriental : les costumes d'hommes, les fez étincelants, les casaquins soutachés des femmes et les toquets élégants brodés de métal, les écharpes rayées d'argent et d'or, les ceintures de pourpre absorberaient toute notre attention si nous ne tenions à en réserver quelque peu pour le tapis de table, exposé par la commune d'Hermopolis et qui, brodé de soie et d'or sur velours, représente le couvent d'Arcadium en Crête, pour les curieuses collerettes de Jean Bysantius de Céphallonie, tricotées de fibres végétales et surtout pour les mousselines et les foulards, peints à la main, de Pierre Othenéos et de A. Nicolaïdès d'Andros.

Cette vivacité et cette variété de couleurs se continuent sur les tapis de laine de Patras, de Mantinée, de Livadie et sur ceux que les Tisserands d'Atalante ont étendus, dans la galerie du mobilier, auprès des meubles en bois d'olivier de l'Attique, des mosaïques de Corfou, des trophées d'armes damasquinées de l'arsenal de Nauplie.

De ces étincelantes tentures à l'ornementation du sixième groupe la transition est brusque et le visiteur ne s'arrêterait guère à la tapisserie improvisée, formée des journaux et ouvrages périodiques publiés en Grèce pendant l'année 1866, qu'expose J. Gennadius, s'il n'y constatait avec un sentiment d'orgueil, pour l'influence de la France, au milieu des caractères helléniques, un grand nombre de ces journaux imprimés en français, cette langue universelle.

L'imprimerie et la librairie, ces auxiliaires de la pensée, sont représentées, à l'Exposition Grecque, par de vaillants athlètes et, parmi eux, il faut citer MM. Coromilas et Antoniadès de l'Attique.

Les échantillons de reliure de la commission centrale de l'Attique, les travaux remarquables de M. l'amiral C. Nicodemos, et les collections photographiques d'antiquités Grecques de M. Constantin complètent ce groupe, qui nous achemine vers la galerie des Beaux-Arts, et qui témoigne, par un grand nombre d'imprimés et d'ouvrages pratiques, de la diffusion de l'instruction en Grèce.

Plus vivantes et plus pittoresques que les photographies sont le *Parthénon* de Lavige et les aquarelles de Lantza, représentant les antiquités d'Athènes.

Les portraits peints par MM. Xydias et Pagenis, l'*Archéologue* de M. Œconomos; l'*Avare* de M. Prossalenti et l'*Aumône* de M. Coumellakis démontrent que la peinture n'est abandonnée ni en Attique ni à Corfou.

Mais l'art statuaire a surtout tenu à prouver que la Grèce n'a pas perdu ses vieilles et glorieuses traditions : l'*Amour*, le *Soir*, l'*Aurore*, l'*Ame* sont autant de bustes synthétiques dans lesquels M. Kossos se révèle autant que dans le buste de Me Ristori; le *Bacchus* de M. Barouti, le médaillon de S. M. le Roi des Hellènes de M. Menglis, les bois sculptés du moine Agathangelos rivalisent de mérite et se groupent, en riche constellation, autour de l'exposition, couronnée par le jury, de M. Drossis dont la *Sapho*, le *Héros Diacos* et le marbre d'*Alexandre-le-Grand* sont marqués au coin du grand style.

On sent que la Grèce n'a pas répudié l'héritage de Phidias et que le Pentélique et le Paros ne sont pas destinés à demeurer inertes dans les carrières helléniques ou à n'en sortir que pour alimenter le monde de produits bruts auxquels il est plus facile et plus noble de donner la vie à pied-d'œuvre.

IV.

Musée rétrospectif.

Parmi les idées les plus originales de l'Exposition universelle de 1867, on doit, sans contredit, ranger la création du musée rétrospectif, création inspirée par quelques expositions partielles qui avaient eu lieu précédemment, et qui avaient révélé des ressources considérables.

Réalisée complètement, cette idée nous eût tracé le tableau complet de la civilisation de l'univers. Mais possible pour quelques nations, applicable surtout aux objets d'art d'un transport facile, la réalisation du Musée rétrospectif n'était pas assignée aux peuples dont les chefs-d'œuvre consistent surtout en monuments enracinés au sol ou en ouvrages classés depuis longtemps, à demeure dans des galeries lointaines.

Suppléons donc par la pensée à ce musée rétrospectif de la Grèce.

Raphaël voulut un jour peindre la Grèce : au lieu de tracer comme Parrhasius une abstraction allégorique, il créa l'immortelle page de l'*Ecole d'Athènes* : c'est là le vrai musée rétrospectif de la Grèce !

Dans cette assemblée auguste où préside l'esprit invisible de la Philosophie elle-même, représentée par Platon et Aristote — le sentiment et la raison — voici Socrate qui fonde dogmatiquement la morale humaine ; voici Pythagore qui écrit ses tables harmoniques et révèle les propriétés des nombres ; voici Archimède qui les applique et qui résout sur le sol ses problèmes géométriques, à côté de l'astrologue Zoroastre et du géographe Strabon ; voici Epicure, couronné de fleurs, le sombre Héraclite, le cynique Diogène ; en un mot toute cette foule illustre qui entoure les maîtres, Platon enseignant l'enthousiasme et Aristote proclamant l'expérience, pour recueillir leurs paroles et nous les transmettre.

Donnons la vie à ce chef-d'œuvre du plus grand peintre du monde, et, comme le poète, nous redirons de la Grèce qu'après dix mille ans passés sur ses ruines, elle est jeune encore de gloire et d'immortalité.

Et, dans ce Panthéon Grec, à ne prendre que le siècle de Périclès, nous résusciterons toutes les illustrations entre Solon et Alexandre : Dans la poésie lyrique, Anacréon, Archiloque, Pindare, Sapho et Corinne ; dans la poésie dramatique, Eschyle, Sophocle, Euripide et Aristophane ; dans l'histoire , Hérodote , Thucydide et Xénophon ; dans l'éloquence, tous les hommes politiques d'Athènes, Démosthène, Eschine ; dans la philosophie, Pythagore, Xénophane, Socrate, Platon, Aristote ; dans les sciences, Hippocrate ; dans l'architecture et la sculpture, Phidias, Polyclète, Miron, Lisippe, Praxitèle ; dans la peinture, Zeuxis, Parrhasius et Apelle !

Pourrions-nous en outre oublier qu'après l'invasion, les Grecs , dépositaires des traditions de l'art au moyen-âge, furent les promoteurs du grand mouvement de la renaissance ?

Chassés de Constantinople par Mahomet II et réfugiés en Italie , les Grecs furent les principaux auteurs de cette pacifique et sublime révolution qui, du palais de Médicis, s'étendit bientôt à tout l'Occident et qui, au style gothique, substitua un genre nouveau illustré par Julien de Maiano, par Philippe Brunelleschi et tant d'autres !

Ces immenses résultats dus aux Grecs nous inspirent le respect le plus absolu pour ce peuple, et nous rappellent ces lignes de Cicéron à son frère et de Pline à Maxime : « Souvenez-vous que vous avez à faire à des Grecs qui ont civilisé tous les peuples en leur enseignant la douceur et l'humanité , et que Rome leur doit les lumières qu'elle possède. » Rome est-ce assez et serait-ce exagérer que dire le monde civilisé ? De Londres à Vienne, de St-Pétersbourg à Madrid, quel art qui ne vienne pas ou qui ne porte l'empreinte d'Olympie ou du Parthénon ?

« L'histoire de la Grèce, sa littérature et ses arts, l'influence que sa haute civilisation exerce encore sur l'éducation de nos enfants et sur la civilisation moderne, fournissent un arsenal où ses défenseurs trouveront toujours des armes. Je ne la défendrai pas. Qu'on s'engoue de la Grèce, ou qu'on la dénigre, elle reste un pays enchanteur, habité par la nation la mieux douée. Quand on a vécu dans cette délicieuse contrée, quand on a étudié impartialement ce peuple incomparable, on s'étonne qu'après seize siècles d'esclavage, il ait conservé sa piété si ferme, son patriotisme si fervent, un esprit fin une élégance parfaite, un goût des arts exclusivement Grec et une instruction plus généralement répandue que chez aucune autre nation ; on s'étonne que dans ses limites péniblement octroyées par l'Europe, il ait pu reconstituer une nationalité , accroître ses produits , décupler sa marine, étendre son commerce, et tout cela au milieu des rivalités d'intérêts, des antipathies de religion et des sourdes oppositions de ses voisins redoutables......

On s'étonne aussi, mais les amis de la Grèce ne partagent pas cette surprise, ses ennemis feignent de s'étonner que Phidias et Appelle n'aient pas, à Athènes, des successeurs dignes d'eux. Les arts n'ont-ils pas été chassés vingt fois de la Grèce ?.....

Et, cependant, il est impossible que les Arts ne retournent pas à Athènes comme on revient à un premier amour, ne serait-ce que par piéte filiale et pour saluer leur berceau.

Nous verrons, on verra du moins un jour, la Grèce donner de nouveau le ton à l'Orient, ses soies se détourner de Lyon, ses laines abandonner la voie de l'exportation et passer en Asie, transformées en étoffes précieuses, dans le goût le plus propre à satisfaire les populations auxquelles des affinités de religion, de langue et d'origine, lui permettent de s'associer plus intimement que nous ne pouvons le faire. » (1)

Puissions-nous saluer ce retour de la Grèce vers elle-même, cette renaissance qui lui est due à tant de titres! Le gage le plus assuré de cette prospérité, c'est le dévouement et l'appui du pays au Souverain de son choix ; c'est le patriotisme et l'initiative du Prince auquel nous réserverons la fin de cette brève étude de la Grèce.

(1) XXXe Jury, Beaux-Arts, Exposition de 1855.

V.

George Ier, roi des Hellènes.

En 1862, Othon Ier, reconnu roi trente ans auparavant par les Puissances protectrices, à défaut de Léopold Ier qui avait refusé, était obligé d'abdiquer devant l'insurrection nationale.

Le 31 mai 1863, Christian-Guillaume-Ferdinand-Adolphe-George, second fils du Roi de Danemark, Christian IX, amiral dans la marine Danoise, était proclamé, à l'unanimité, Roi constitutionnel de Grèce, sous le nom de George Ier, par l'Assemblée nationale des Hellènes.

Né le 24 décembre 1845, le roi George, malgré son jeune âge, n'hésita pas à accepter la lourde tâche qu'on lui offrait et, en vertu du protocole signé à Londres, le 5 juin par les trois Puissances protectrices, la France, l'Angleterre et la Russie, il acceptait, le lendemain 6 juin, sous la condition de l'annexion pure et simple des Iles Ioniennes à la Grèce, cette rude mais glorieuse mission de pasteur d'hommes dont il avait fait le noble apprentissage sous son auguste et vaillant père, le Roi Christian.

Proclamé majeur le 27 juin, après avoir signé, le 12 septembre, un acte par lequel son frère cadet devait le précéder lui et sa postérité virile, dans l'ordre de succession au trône Danois, George Ier débarquait, le 30 octobre, à Athènes, au milieu de l'enthousiasme de ses nouveaux sujets, et, depuis lors tous ses efforts ont été consacrés à à rétablir en Grèce l'ordre profondément troublé par une longue anarchie et à ramener ce pays au rang que lui asssignent sa position géographique, la richesse du pays et son passé glorieux.

Dans la vie du roi George Ier et par suite dans la vie politique de la Grèce si intimement liée aux destinées de ce Prince, les quelques mois qu'à duré notre Exposition universelle, auront été marqués par des événements considérables : Parti de la Péninsule hellénique quelques jours après l'ouverture du Champ-de-Mars, le jeune Roi devait revenir dans son pays d'adoption, à la fermeture de cette même Exposition, ramenant avec lui, doux gage de sa prospérité privée et de la prospérité nationale, sa royale compagne, la grande duchesse Olga Constantinowna.

Ayant laissé, le 21 avril, au prince Jean, frère du roi de Danemark et son oncle, la régence du Royaume en sa qualité de lieutenant, le jeune roi arrivait quelques jours après à Marseille. Le soir même Sa Majesté gagnait Paris pour se rendre ensuite à Londres, à Copenhague et à Saint-Pétersbourg où l'attendait une union fortunée.

Le 20 juillet suivant, une dépêche télégraphique signée du Roi et de la Princesse Olga annonçait à la fois au Régent et au pays tout entier la cérémonie officielle des fiançailles qui avait eu lieu à Tsarkoë-Selo, et appelait les bénédictions du Ciel sur la Grèce, et, quelques mois après, les Souverains Hellènes entraient dans leur pays d'adoption où ils apportaient l'espoir d'une durable prospérité.

Il faut, pour se rendre compte de l'importance qu'attachait la Grèce au retour du Roi et de la nouvelle Reine, qui avait été attendue avec impatience non moins qu'avec un sentiment de respectueuse curiosité, se reporter aux correspondances d'Athènes : Nous y trouvons un tableau vivant et qui nous montre pittoresque, animée, telle qu'elle vit et se meut cette population Grecque dont nous venons de voir les produits.

Cette description rapide ne peut-elle mieux servir à peindre un peuple que ces galeries froides et inertes de types costumés, étalés à grands frais dans le Palais de l'Exposition ?

Transportons-nous donc à Athènes : Après avoir eu à Corfou une réception sympathique le Roi et la Reine faisaient, le dimanche 17 novembre, leur entrée dans la capitale. Dans la matinée, les vigies du Pirée signalaient au large la frégate la *Hellas* qui portait la famille Royale. Vers une heure après-midi, le steamer, arrivant à toute vapeur, passait entre deux rangs de bâtiments de guerre des diverses stations navales, pavoisés et qui les saluaient par des salves d'artillerie et les hourrahs des équipages. La mer était couverte d'embarcations chargées de monde et les populations accourues de tous les points de la côte et des archipels se pressaient sur le rivage. Le canon annonça aux habitants d'Athènes que la frégate avait jeté l'ancre et que Leurs Majestés avaient pris terre. Le Prince Jean de Danemark, oncle du Roi et régent du Royaume, le Conseil des Ministres et le Président du Parlement reçurent le Souverain qui les présenta à la Reine Olga. Sous un arc de triomphe élevé par les habitants du port, se tenait la grande députation de l'Assemblée législative, dont le Président, ainsi que le Maire du Pirée, adressèrent aux personnes royales des allocutions pleines de respect et de dévouement pour Leurs Majestés et de reconnaissance pour la sage administration du Prince régent.

La route du Pirée à Athènes était bordée d'une foule immense. Au moment où le cortége royal arriva aux portes de la capitale, il fut salué par une salve de cent-un coups de canon. Les couleurs nationales flottaient à toutes les fenêtres et des guirlandes de fleurs traversaient les rues et reliaient les balcons entre eux. Sur la place de la Sainte-Trinité, le Démarque d'Athènes félicita Leurs Majestés, et le corps municipal les accompagna à la cathédrale, où le Métropolitain et les membres du Saint-Synode les conduisirent au trône préparé pour Elles. Après le *Te Deum*, un chœur de jeunes filles, vêtues de blanc, qui avait entonné l'hymne royal, entoura la Reine et lui offrit des fleurs. A l'issue de la cérémonie religieuse, le couple royal se rendit au Palais et assista au défilé de la garde nationale et des troupes de l'armée, et le soir la ville fut brillamment illuminée ; car, c'était grande fête pour Athènes et pour la Grèce ! Et, en effet, cette union leur assure une ère de repos et de stabilité.

Que reste-t-il à souhaiter à ce pays ? N'a-t-il pas un Roi et une Reine, jeunes, enthousiastes, dévoués au progrès ; une Charte qui, depuis 1864, garantit aux citoyens l'égalité devant la loi, la liberté individuelle, la liberté de la presse, le droit de réunion, la gratuité de l'instruction, l'abolition de la peine de mort, la liberté des cultes, la responsabilité des ministres ; que lui reste-t-il donc à souhaiter, surtout quand, sur ces bases si larges du droit public s'édifient et se consolident chaque jour les assises d'une perfectibilité nouvelle : la régularisation libérale des patentes, la législation des mines, le contrôle des concessions des droits d'exploitation, la loi sur le dessèchement et la culture des marais, l'institution d'écoles navales, l'extirpation du brigandage, la réunion des documents de l'histoire de la Grèce au moyen-âge et dans les temps modernes, la convention postale avec la France, l'impulsion donnée à l'Université, la protection accordée aux bibliothèques, la réforme du système monétaire, les prévisions pour le remboursement des emprunts, sont autant de travaux utiles qui ont marqué le passage du Prince régent aux affaires de la Grèce.

Cette féconde impulsion ne peut que se propager sous la direction du roi George dont tout le pays proclame la rectitude du jugement et les plus heureuses inspirations de prudence. Le pays attend d'ailleurs avec confiance la sage et salutaire influence de sa jeune Souveraine : Dès le temps de ses fiançailles, la Reine de Grèce avait voulu témoigner au peuple sur lequel Elle était appelée à régner l'intérêt qu'Elle portait déjà aux infortunes privées et aux œuvres de bienfaisance ; Elle s'était empressée de promettre son concours au comité charitable des dames Athéniennes et d'accepter la présidence honoraire de cette réunion fondée sous le patronage du Métropolitain : c'était unir la bonté au pouvoir.

Reconnu universellement par toutes les Cours d'Europe, depuis la mort du roi Othon, le gouvernement de la Grèce, s'appuyant sur la nation, sur un Prince jeune, noble et courageux, sur une Souveraine bienfaisante et amie du progrès, peut marcher sûrement vers l'avenir !

LA ROUMANIE.

REVUE DE L'EXPOSITION UNIVERSELLE DE 1867.

LA ROUMANIE.

I.

Préliminaires.

De même que le but, que se sont proposé les diverses Puissances qui ont exposé au palais du Champ-de-Mars, était et devait être différent et variable suivant les intérêts et les aspirations de chacune d'elles ; de même le compte-rendu de ces exhibitions ne saurait suivre un plan uniforme.

Chez telles nations, la France, l'Angleterre, la Belgique, l'individualité domine : l'exposant, être personnel, vise avant tout à affirmer son existence, à prendre place au soleil, à attacher son nom à ses produits, en vue de l'honneur, en vue du nom, en vue d'une vente immédiate, rapide, possible.

Chez telles autres, à côté de ce but, à peine indiqué, effacé souvent, se dessine, s'accentue la tendance prédominante à venir, dans ce caravansérail de l'Univers, montrer, aux yeux de tous, leur génie national, leur virilité, leurs aspirations.

Aux premières, il faut un compte-rendu détaillé, où domine, où soit en lumière le particulier, l'individualité.

Pour les secondes, il faut développer, commenter, féconder l'idée qu'elles ont voulu donner d'elles-mêmes, tendre en un mot vers le but qu'elles se sont assigné.

Or, il est évident que le Gouvernement Roumain n'a pas eu principalement en vue, à l'Exposition universelle, de faire valoir telle ou telle personnalité, mais de produire au grand jour sa nationalité, les signes caractéristiques de sa religion, de ses costumes indigènes, de son commerce large, de ses productions primitives, de dire en un mot au monde : Nous voici tels que nous sommes, devions-nous, devrons-nous vivre, et être inscrits à jamais au rôle des Nations? Apprenez à nous connaître, vous qui nous ignorez : Voyez et jugez.

Nous avons vu et jugé : puissent ceux qui nous liront, voir et juger comme nous.

Et d'abord, avant le pittoresque de l'exhibition Roumaine, côté secondaire de la question, exposons les ressources de son gouvernement, la force de la nation : Ce sera combler une lacune, malheureument trop réelle.

A ceux qui, à nos côtés et alors que, le carnet à la main, nous prenions nos notes succinctes sur ce beau et fécond pays, à ceux-là qui se croyaient à Rome et s'extasiaient sur le pittoresque des costumes des Etats de l'Eglise, nous dirons : Vous qui ignorez la Roumanie, vous qui ignorez son organisation, voyez et apprenez ; car le jour, peut-être, est proche où il deviendra nécessaire que personne de vous n'ignore ce qu'est la Roumanie : Ce jour-là sera celui où se dénouera définitivement cette question si souvent ajournée et toujours renaissante qu'on nomme la question d'Orient.

Etudions donc les Principautés-Unies, la tête d'abord, l'âme, le principe moteur : le pouvoir personnifié par l'Hospodar, le Vayvode Charles de Hohenzollern ; le corps ensuite, la vitalité, les forces en jeu, c'est-à-dire le pays lui-même et ses ressources.

II.

La famille de Hohenzollern.

En entrant dans la galerie de la Roumanie, notre pensée ne peut, en évoquant le souvenir du prince qui préside aux destinées des Principautés-Unies, s'empêcher de s'élever, par un mouvement naturel, vers la famille royale de Zollern.

Si nous jetons les yeux sur l'Allemagne, et que notre attention se fixe vers le sud du grand-duché de Bade, nous voyons, enclavées dans le royaume de Wurtemberg, deux principautés, restreintes par l'espace, grandes par le prestige : c'est le berceau de la famille des Zollern. Ce roc audacieux est le point culminant d'où a pris son vol altier l'aigle des Electeurs de Brandebourg, pour s'arrêter à la Baltique : *Du Rocher à la Mer*, comme le consacre par un auguste témoignage le rescrit royal du 22 août 1851.

La famille de Hohenzollern constitue une des plus anciennes maisons souveraines de l'Allemagne : possessionnée en Souabe, elle fait remonter son origine au fameux Tassillon, duc de Bavière, et tire son nom du château, situé sur le Zollernberg et construit au Xe siècle par ce comte de Zollern, dont l'un des descendants, Rodolphe II, fut la tige de la ligne de Souabe qui retient le nom de Hohenzollern et de la ligne de Franconie, de laquelle sortirent, en 1417, les Electeurs de Brandebourg, depuis rois de Prusse.

C'est de l'une des branches de Zollern, de la famille de Hohenzollern-

Sigmaringen, qu'est issu le souverain régnant de Roumanie, le prince Charles, deuxième fils du prince Charles-Antoine, chef de la famille à laquelle nous consacrons ces quelques lignes.

Semblable à un arbre puissant qui étend au loin ses rameaux et ses racines, la famille de Hohenzollern-Sigmaringen ramifie, sur une vaste étendue, ses puissantes attaches : Souche de la Prusse, unie à la famille impériale de France, elle a fourni des alliances princières au Portugal, à la Belgique, à la Roumanie...

Nous avons, dans notre revue du Portugal, rendu hommage aux vertus de la princesse Stéphanie-Frédérique-Wilhelmine-Antonie, enlevée prématurément au monde, le 17 juillet 1859, ainsi qu'à son époux dont elle partageait la généreuse initiative et l'héroïsme. Les regrets navrants qu'a causés au prince Charles-Antoine la perte de sa fille adorée, n'ont pu être tempérés que par la sincérité des larmes du Portugal tout entier, où la mort de la Princesse-Reine fut l'objet d'un deuil national, universel, aussi bien que dans l'Allemagne, sa mère-patrie.

Bon et sensible, comme il convient aux âmes généreuses, faisant consister son principal bonheur dans le culte et la protection des arts, et avant tout dans l'amour pour les siens, le prince Charles-Antoine n'a trouvé de compensation à ce deuil paternel que dans la prospérité de sa famille, dans les qualités éminentes du prince héréditaire, dans l'alliance fortunée de la princesse Marie et du comte de Flandre, et surtout dans la position brillante du prince Charles, par l'énergie, la décision, mais aussi par la générosité et la bienfaisance duquel se traduisent et se perpétuent toute la noble hardiesse, toutes les traditions de sa race.

A la suite de la révolution Moldo-Valaque, qui aboutit à l'abdication du Prince Couza, les Roumains déférent, par un plébiscite, en date du 20 avril 1866, la Couronne au Prince Charles.

Sans hésitation et avec cet esprit de décision qui fait le succès des grandes causes, le Prince accepte ; mais accepter, c'est se mettre en opposition avec les Puissances signataires de la convention de 1858 dont les plénipotentiaires, précisément réunis alors à Paris, avaient annulé le plébiscite du 20 avril. Le Prince n'ignore pas qu'il a pour lui la France, l'Italie et la Prusse, mais que l'Angleterre, l'Autriche et la Russie, lui sont opposées.

Il ne balance pas cependant : Se sachant attendu en Roumanie, Il part secrètement, traverse incognito et à toute vapeur l'Allemagne et la Hongrie, prend à Basiach le bateau de la compagnie du Danube et arrive le soir même à Turnu-Sévérinu, première station Valaque où il se fait reconnaître.

Le 22 mai, il faisait son entrée à Bucharest accompagné du général Golesco et du colonel Haralambe, tous deux membres de la lieutenance Roumaine. La Conférence de Paris pût s'indigner, mais elle dût enregistrer le fait accompli.

Tel est le Prince qui préside aux destinées de la Roumanie : Avec une telle décision, un tel caractère, dussent les circonstances quelquefois péricliter, l'esquif est en bonnes mains... Nous connaissons le pilote, voyons maintenant le pays confié à ses soins.

III.

La Roumanie.

Confinant avec l'extrémité sud-ouest de la Russie, au nord du Danube, s'étend un beau pays de quatre cent kilomètres carrés, où vivent près de deux millions d'habitants et dont la capitale Jassy, dont les villes et les bourgades se groupent au pied des Krapacks et sur les bords du Danube, du Pruth, du Sereth, de la Moldawa et de la Brititsa : ce pays c'est la Moldavie.

En dessous de ce pays montueux, plus près de l'Europe proprement dite, se déroule une contrée baignée au sud et à l'est par le Danube qui le sépare de la Bulgarie : c'est la Valachie, peuplée de deux millions et demi d'habitants avec Buckarest, pour capitale.

De la réunion de la Moldavie et de la Valachie est sortie la Roumanie connue encore sous les noms de Principautés Moldo-Valaques, Principautés-Unies ou bien aussi de Principautés Danubiennes.

Au point de vue climatérique et productif, la Moldavie a apporté, dans cette fédération, un sol variable comme son climat : ses montagnes, ses cours d'eau abondants lui assurent des mines nombreuses et importantes, des forêts, d'excellents pâturages, des plaines fertiles. La Valachie, plus chaude, plus humide fournit un contingent de champs plantureux, de longues et belles vallées, prédestinées à devenir le grenier de l'Europe : Avec ces ressources on peut préjuger le caractère de l'exposition Moldo-Valaque et l'importance de l'agriculture pour ce pays.

Aussi voyons-nous, dès l'ouverture de l'Exposition universelle, le Ministère des Travaux Publics Roumains instituer une Commission chargée d'étudier les améliorations agricoles à introduire en vue d'être utile au pays et composée de MM. Odobesco, commissaire général ; Jean Alexandi, G. M. Soutzo, P. S. Aureliano, commissaires ; Steriardi et Const. Marcovicz, secrétaires.

De pareils éléments de prospérité, soutenus par une aussi sage initiative, ne sont-ils pas pour la Roumanie sa raison d'être et ne lui assurent-ils point, parmi les Etats secondaires de l'Europe, une place distinguée qu'elle aurait depuis longtemps conquise si, poste avancé en politique, elle n'avait été, de longue date, exposée par sa situation géographique aux compétitions les plus ardentes. Champ d'expérimentation de la diplomatie Européenne, la Roumanie a été trop longtemps victime de ce travail factice contre lequel elle doit et veut réagir, assurée qu'elle peut trouver, qu'elle trouvera dans son patriotisme, dans le sentiment de sa nationalité, de son existence individuelle, le courage et la force de se créer une position digne de l'attention de l'Europe et de la sympathie des nations désintéressées.

Au milieu des tiraillements amenés, fomentés par des passions diverses, il n'est pas étonnant que la Roumanie ait cherché laborieusement sa voie, surtout quand on rapproche de cette fâcheuse position, l'instabilité fortuite ou préparée des pouvoirs qui se sont succédé si rapidement aux affaires depuis un quart de siècle : après Gregoresco Ghika, Alexandre; après Alexandre Ghika, Georges Bibesco; puis Styr-Bey ; et après tant de vicissitudes, de chûtes de cabinets, de crises ministérielles, Alexandre Couza, dont la double élection reconnue comme valable exceptionnellement dans la Conférence de Paris et ratifiée par la Porte, devint le signal de l'ère d'unification dans laquelle est entrée la Roumanie.

L'avénement de Charles Ier de Hohenzollern n'a fait que confirmer la volonté de la Roumanie de vivre de sa vie personnelle, sous un gouvernement fort et héréditaire.

Jeune plant, provigné du puissant tronc de l'empire Ottoman, la Roumanie croît et s'alimente de sa propre sève à l'ombre de l'arbre qui lui a donné naissance et qui le protège, d'une manière libérable, noble, sans réserves, comme en témoigne le firman d'investiture du 14 djemazi-ul-aker, 1283 (23 octobre 1366).

A l'œuvre donc, Roumains; plus de divisions intestines, plus de luttes stériles : groupés autour d'un pouvoir fort, enthousiaste, progressif, abordez les travaux féconds ; l'avenir s'ouvre pour votre pays. Votre avenir se déduit du présent, et le présent est là devant nous avec ses preuves, sa robuste existence, ses promesses, dans la galerie que nous aurons à parcourir.

IV

L'Eglise Roumaine et les costumes nationaux.

Quand, dans le parc, au sortir d'une excursion au temple Mexicain, dont l'aspect sépulchral, coïncidant avec les funèbres images évoquées par le fléau de la guerre, navre le cœur et les yeux, le voyageur se dirige, guidé comme vers un phare, par la flèche de la mosquée de Brousse, il s'arrête forcément dans une oasis de verdure et de fleurs où s'épanouit, avec sa construction gracieuse et ses délicates peintures, une fleur architecturale aux trois minarets, synthèse inspirée à M. Baudry par l'étude des beautés multiples des constructions Roumaines.

Qui a vu cette pimpante et coquette chapelle à la triple coupole, et son porche aux arcades mixtes entre le genre oriental et le gothique flamboyant, avec ses grandes figures peintes, dont l'or et les vives couleurs nous promènent incertains entre les missels gothiques et les enluminures Byzantines, qui a vu ces fenêtres, à riches vitraux, autour desquelles s'enlace la feuille et la fleur, comme le cadre autour du tableau, ne peut perdre la souvenance de cette ravissante vision.

Cette image des coupoles Roumaines suffit donc pour que, sans incertitude et en pénétrant dans la galerie des machines, par la porte de Russie, le visiteur se reconnaisse immédiatement, comme en pays ami, à la vue des deux coupoles d'azur, d'or et d'acier qui se dressent, à côté des croissants et des crinières Ottomanes, au seuil de la Roumanie : Tels aux fêtes des Tuileries, sous leur armure étincelante, le cimier flottant, l'épée au poing, se tiennent immobiles les cent-gardes de l'Empereur.

Entrons et, sous ces voûtes où se groupent les produits exposés par la Roumanie, nous verrons avec ses costumes pittoresques, poétiques, animés, ce peuple que nous ne connaissons que par sa vie politique.

Que de caractère dans ces costumes d'hommes dont les types énergiques et la mâle figure contrastent avec les fleurettes et les couleurs vives, presque féminines des étoffes : est-ce un raffiné, est-ce un paysan, un chasseur, un guérilléro que cet homme de *Plaïèche*, à la veste soutachée d'or et de pourpre, aux mains calleuses, au manteau de fourrures sous lequel resplendissent les doubles canons d'armes d'acier ?... C'est tout cela à la fois : « soldat en guerre, et laboureur en paix, » cet homme est l'incarnation vivante de la Roumanie.

Et comment, l'homme, quelque mâles que soient ses mœurs, sa vie, pourrait-il résister à l'entraînement de la couleur et de la parure, sous ce ciel oriental, aux portes de la Turquie, à côté de compagnes comme celles dont la rustique beauté brille, sous les ornements d'or et de soie de cette aristocratique paysanne de *Vlachka* et de cette modeste fileuse de *Romanatzi* ?

Latins par le cœur, la langue et le courage, les Roumains, sous leurs brillants costumes orientaux, forment la transition entre nous et le monde de l'Islam : ainsi, au premier empire, les Mameluks, au second, les Spahis et les Zouaves, sous le turban et les vêtements de l'Egypte et de l'Afrique, forment le trait d'union de la France et de l'Orient.

L'Exhibition de ces types populaires, des religieuses de Passeré, des moines du couvent de Niamtzo méritent une mention toute favorable à ces communautés, à l'asile Hélène, à mesdames Davila, Odobesco, Lacasiewitz, Racovitza, Perietzéano, pour les costumes de femmes, et, pour les costumes d'hommes, à MM. Ilié, Bunéa, Pandéli, ainsi qu'aux Conseils municipaux et départementaux de Galatz, de Belgrade, de Putna et de Téléorman.

V.

L'Exposition Roumaine.

Et maintenant que ce peuple se meut devant nous, avec ses costumes, sa vie extérieure, passons en revue les produits qu'il a amenés de si loin, sur les flots du Danube, car les chemins de fer sont encore à l'état embryonaire en Roumanie, et les transports n'ont d'autres intermédiaires que les mariniers et que les fringants et nerveux postillons dont le type était devant nous, il y a quelques instants.

Appelée, par la nature de son sol, à l'agriculture, la Roumanie ne pouvait manquer de se distinguer au milieu des produits, pourtant si remarquables en général, du septième groupe : les blés, les maïs, les orges, les avoines, les seigles, le millet, l'épeautre, envoyés par plus de cent exposants, justifient la concurrence victorieuse qui s'établit depuis quelque temps entre les produits Roumains et les céréales si renommées de la Crimée. Au-dessus de l'initiative privée, plane l'influence du gouvernement personnifiée par l'exposition des municipalités, des districts, des conseils départementaux. L'agriculture, on le voit, est, en Roumanie, religion d'Etat.

A côté de farines pures, corsées, nourries, je remarque les semoules de MM. Vassilé Georgesco, du Cie H. de Belgaric, les pâtes d'Italie, les macaronis et les vermicelles de M. Dobrojano : ces produits, égaux sinon supérieurs, à ceux de Naples et de la Péninsule Italique, suffiraient seuls à ouvrir à la Roumanie des débouchés et une richesse considérables.

Je m'étais interdit de citer des noms dans cette exposition Roumaine et de m'en tenir aux généralités, mais comment passer sous silence la splendide collection de légumes de l'Ecole d'agriculture de Pantéléïmon? L'application nous fait bien augurer des théories et de l'enseignement de cet institut.

Je passe rapidement sur les produits des classes 67 et 68 où les fromages secs (*Cachecaval*), les fromages en outres (*Brandzas*), les œufs rouges de Pâques à dessins, les poissons secs et les viandes se groupent auprès de montagnes de pois, de haricots, de fèves, de lentilles, d'amandes, des noix marines de Vilcove et de ces prunes fumées de Téléorman, si étranges au palais.

Laissons le buffet de M. Jialkowski ; négligeons les appels de la classe 72, même les confitures de roses de Me H. Festilla; garonsnous des ardeurs des moutardes au moût de vin si renommées de Jassy et réservons nos appréciations pour la classe 73 : c'est là que s'empourprent et se dorent les flacons qui contiennent les crûs de Cotnar, de Dragachani, de Déalo-Maré, de Déalo-Sarat, de Tutova et surtout, avec leur originalité locale, les vins absinthés de Mustchelle et l'eau-de-vie de prunes et les vins de la Vallée de Jiu.

La classe 74 nous amène à enregistrer les éclatants résultats du Prince Alexandre Morouzy de Sworechta et du Prince Barbou Stirbey de Bucharest, couronnés tous deux par le jury, l'un pour l'élevage de la race mérinos et du cheval arabe, ainsi que pour ses machines et distilleries agricoles, l'autre pour la culture du mûrier et l'éducation du ver à soie.

Au milieu d'instruments aratoires et de tissage se dégage l'exposition remarquable de l'*Arsenal de l'Armée* à Bucharest qui exhibe le plan général de l'établissement d'artillerie, des pièces de canons, des projectiles, un affût et son avant-train, mais principalement une machine à mortaiser fort remarquable.

Mais c'est par le groupe V que se fait valoir la richesse de la

Roumanie : Au milieu de riches minerais de fer, de cuivre, de plomb argentifère, d'or même recueilli en paillettes dans la rivière de l'Olto, se groupent les marbres, les lignites, le charbon, la cire fossile, curieux produit, le soufre, le pétrole, cet agent appelé à devenir sous peu la source principale de l'éclairage, du chauffage et de la force motrice de l'univers : l'ambre non plus ne fait pas défaut et se réserve le domaine plus modeste des chapelets et des bouquins de Narghilés.

Salut au trophée de l'administration des salines de la Roumanie ! Voici les produits de sel gemme des mines de Slanie, de Téléga, d'Ocnamaré; voici les bustes, en sel massif, de l'Empereur Napoléon III, et de S. A. le Prince Charles 1er de Roumanie.

N'était la clause réglementaire qui met les Gouvernements hors de concours, qui n'eut acclamé le jury décernant une médaille d'argent à la riche exhibition de ces mines salines et une médaille de bronze au Gouvernement Roumain pour la collection de bois qui s'étale triomphalement au milieu des spécimens si riches de hêtres, de sapins, de chênes, de noyers, de matières tannantes et colorantes, de frênes à veines ondulées des forêts de Gorje, et de ces types si curieux de boissellerie, de vannerie et de sparterie, de la famille odorante des tabacs d'Orient dont la qualité et la quantité sont le meilleur argument du régime de liberté substitué par le prince Charles au monopole établi par le prince Couza.

Ne négligeons pas de mentionner les fourrures, les cotons, les lins, les laines, les soies, qui, là-bas, sous les vitrines, s'épanouissent en voiles brodés d'or, en linge splendide, en ceintures constellées de perles et de paillettes, en draps feutrés aux fortes trames, en écharpes multicolores, en bourses, et en ces mille fantaisies rehaussées de pourpre, d'or et d'argent.

Ce qui domine dans l'ornementation Roumaine, c'est la couleur, le plaisir facile des yeux, témoins les tapis rayés (*velintza*), à poils rouges et à raies écarlates, bleues, éclatantes (*plocade et cerja*), à dispositions et à fleurs (*Kilim*); c'est aussi dans l'ornementation et les meubles, la délicatesse et le fouillé des sculptures, le raffinement du détail dont le triomphe est sans contredit un bouquet en bois de sapin, qu'on croirait sortir des mains d'un fleuriste,ainsi que les bouquets en cuir, en plumes et en feuilles de tabac de cette série.

Ces deux tendances se montrent aussi dans le groupe II, dans les peintures de fleurs sur verre, dans les cierges ornés, dans les impressions chromolithographiques de Bucharest, car ce serait mal juger que de s'imaginer la Roumanie comme ne se distinguant ni dans la typographie ni dans les arts graphiques.

Celui qui a vu les cartes topographiques exposées par le Ministère des Travaux Publics, pourrait-il jamais élever un tel doute ! L'imprimerie et les arts ne sont pas négligés en Roumanie : les Grégoresco, les Olivier, les Popp, les Trenk, les Tettaresco, ne déparent point dans la peinture, pas plus que l'aquarelle et le dessin ne sont méconnus par M. Szatmary, Verussy, Dobrentz et la statuaire par M. Fokschaner.

Notre attention s'est portée surtout sur le réveil de la Roumanie de M. Tattaresco, les aquarelles de M. Szatmary, le portrait de S. A. le Prince Charles par M. Verussy et la fileuse Roumaine de M. Fokschaner. L'architecture révèle un talent sérieux dans le projet de villa de M. Montoriano.

VI.

Epilogue.

Nous avons vu rapidement, comme le comporte la brièveté de cette Revue, le peuple Roumain, la vitalité de son pays, de son sol, de ses gisements, son aptitude au commerce, aux beaux-arts, nous avons vu ce peuple à notre Exposition compter un millier d'exposants répartis sur près de trois mille mètres carrés.

Que faut-il à la Roumanie pour conquérir son véritable rang en Europe : l'initiative du gouvernement ; le travail, le dévouement de la population.

L'initiative ne saurait manquer avec le Souverain que nous connaissons, qui consacre tous ses soins à l'administration intérieure, au remaniement de l'armée, des finances, à l'unification monétaire, à la création des voies ferrées et dont les vertus privées ne le cèdent pas aux qualités de l'homme d'état ainsi que l'a prouvé le voyage dans les Provinces, dans lequel la moitié de sa liste civile a été consacrée en secours au malheur, en encouragements au commerce et à l'industrie.

Le dévouement et l'activité ne peuvent faire défaut à un peuple qui manifeste ainsi ses aspirations au Prince de son choix : « L'appel » fait par votre Altesse de nous tenir avec sagesse dans le cercle de » nos droits et de nos aspirations légitimes a eu un écho d'autant plus » fort dans nos cœurs et nos pensées que, seulement dans le cercle » de ces droits, consacrés par le traité de Paris, qui nous garantit la

» neutralité du territoire Roumain, nous pouvons trouver la stabilité » et l'indépendance nationale auxquelles toute la nation Roumaine » tient principalement.

« Nous répondons tous à l'appel chaleureux que vous nous faites » quand vous nous dites : « Au travail, Roumains ! » Nous sommes » également convaincus que les abus seront frappés avec justice par- » tout où ils se produiront. Vous trouverez en nous toujours le con- » cours le plus sincère et le plus loyal, et nous serons heureux de » prouver à Votre Altesse que nous sommes animés de la seule ambi- » bition de faire le bien du pays. » (1)

En présence de ces formelles assurances, l'avenir est certain ; quelles que soient les agitations parlementaires du pays, la personne même du Prince est en dehors des luttes auxquelles pourraient se livrer les partis.

La nation est satisfaite de l'ensemble des institutions qu'elle doit à l'initiative des Puissances, et en particulier aux sympathies que la France n'a cessé de lui manifester depuis le jour où, dans le sein des conférences de Vienne de 1851, le plénipotentiaire Français proposait les améliorations alors discutées, aujourd'hui obtenues et qui formaient d'avance les bases de son droit public.

Les dissidences intérieures n'ont qu'une importance secondaire ; elles sont amenées par une certaine inexpérience politique et par les obstacles que rencontre parfois l'organisation du pays; elles ne portent sur aucun point capital et s'amoindriront avec le temps par le perfectionnement et la régularité des institutions : là est l'avenir politique.

L'avenir commercial, industriel et moral est en germe dans l'Exposition que nous venons de décrire : il s'en conclut et en découle naturellement.

FIN.

(1) Adresse de la Chambre des Députés, 1867.

REVUE DE L'EXPOSITION UNIVERSELLE DE 1867.

ESPAGNE, GRÈCE, ROUMANIE.

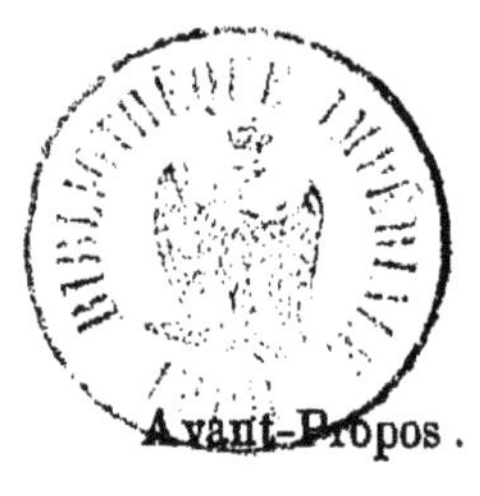

TABLE DES MATIÈRES.

FIN.

DOUAI. — IMP. L. CRÉPIN, RUE DE LA MADELEINE, 23.

www.ingramcontent.com/pod-product-compliance
Ingram Content Group UK Ltd.
Pitfield, Milton Keynes, MK11 3LW, UK
UKHW021639260726
13994UKWH00003B/1219